GUESTS

Name

Thoughts

....

....

....

....

....

....

....

....

....

....

GUESTS

Name   Thoughts

....

                                        ....

                                        ....

....

                                        ....

                                        ....

....

                                        ....

                                        ....

GUESTS

Name   Thoughts

....

                                            ....

                                            ....

....

                                            ....

                                            ....

....

                                            ....

                                            ....

GUESTS

Name   Thoughts

....

                                        ....

                                        ....

....

                                        ....

                                        ....

....

                                        ....

                                        ....

GUESTS

Name   Thoughts

GUESTS

Name   Thoughts

....

                                                      ....

                                                      ....

....

                                                      ....

                                                      ....

....

                                                      ....

                                                      ....

GUESTS

Name   Thoughts

....

                                        ....

                                        ....

....

                                        ....

                                        ....

....

                                        ....

                                        ....

GUESTS

Name   Thoughts

....

....

....

....

....

....

....

....

GUESTS

Name   Thoughts

....

                                                ....

                                                ....

....

                                                ....

                                                ....

....

                                                ....

                                                ....

GUESTS

Name   Thoughts

....

....

....

....

....

....

....

....

....

GUESTS

Name   Thoughts

GUESTS

Name   Thoughts

....

                                        ....

                                        ....

....

                                        ....

                                        ....

....

                                        ....

                                        ....

GUESTS

Name   Thoughts

....

                                                            ....

                                                            ....

....

                                                            ....

                                                            ....

....

                                                            ....

                                                            ....

GUESTS

Name

Thoughts

....

....

....

....

....

....

....

....

....

GUESTS

Name   Thoughts

....

                                                                ....

                                                                ....

....

                                                                ....

                                                                ....

....

                                                                ....

                                                                ....

GUESTS

Name   Thoughts

....

....

....

....

....

....

....

....

....

GUESTS

Name   Thoughts

....

....

....

....

....

....

....

....

....

GUESTS

Name

Thoughts

....

....

....

....

....

....

....

....

....

GUESTS

Name   Thoughts

....

                                                         ....

                                                         ....

....

                                                         ....

                                                         ....

....

                                                         ....

                                                         ....

GUESTS

Name   Thoughts

....

....

....

....

....

....

....

....

....

GUESTS

Name
Thoughts

....

....

....

....

....

....

....

....

....

GUESTS

Name   Thoughts

....

....

....

....

....

....

....

....

....

GUESTS

Name   Thoughts

···   ···

                                                        ···

                                                        ···

···   ···

                                                        ···

                                                        ···

···   ···

                                                        ···

                                                        ···

GUESTS

Name   Thoughts

....

....

....

....

....

....

....

....

....

GUESTS

Name   Thoughts

....

                                                         ....

                                                         ....

....

                                                         ....

                                                         ....

....

                                                         ....

                                                         ....

GUESTS

Name

Thoughts

....

....

....

....

....

....

....

....

....

GUESTS

Name   Thoughts

....

                                              ....

                                              ....

....

                                              ....

                                              ....

....

                                              ....

                                              ....

GUESTS

Name

Thoughts

....

....

....

....

....

....

....

....

....

GUESTS

Name   Thoughts

....

                                            ....

                                            ....

....

                                            ....

                                            ....

....

                                            ....

                                            ....

GUESTS

Name   Thoughts

....

                                        ....

                                        ....

....

                                        ....

                                        ....

....

                                        ....

                                        ....

GUESTS

Name   Thoughts

....

                                        ....

                                        ....

....

                                        ....

                                        ....

....

                                        ....

                                        ....

GUESTS

Name   Thoughts

GUESTS

Name   Thoughts

....

                                        ....

                                        ....

....

                                        ....

                                        ....

....

                                        ....

                                        ....

GUESTS

Name

Thoughts

....

....

....

....

....

....

....

....

....

....

GUESTS

Name   Thoughts

....

....

....

....

....

....

....

....

....

GUESTS

Name   Thoughts

....

                                            ....

                                            ....

....

                                            ....

                                            ....

....

                                            ....

                                            ....

GUESTS

Name   Thoughts

....

                                            ....

                                            ....

....

                                            ....

                                            ....

....

                                            ....

                                            ....

GUESTS

Name	Thoughts
....	....
	....
	....
....	....
	....
	....
....	....
	....
	....

GUESTS

Name   Thoughts

....

                                            ....

....

....

....

....

....

....

....

....

GUESTS

Name   Thoughts

....

                                                    ....

                                                    ....

....

                                                    ....

                                                    ....

....

                                                    ....

                                                    ....

GUESTS

Name   Thoughts

....

                                          ....

                                          ....

....

                                          ....

                                          ....

....

                                          ....

                                          ....

GUESTS

Name   Thoughts

....

                                                            ....

                                                            ....

....

                                                            ....

                                                            ....

....

                                                            ....

                                                            ....

GUESTS

Name   Thoughts

....

                                                  ....

                                                  ....

....

                                                  ....

                                                  ....

....

                                                  ....

                                                  ....

GUESTS

Name   Thoughts

....

                                        ....

                                        ....

....

                                        ....

                                        ....

....

                                        ....

                                        ....

GUESTS

Name   Thoughts

....

                                                                        ....

                                                                        ....

....

                                                                        ....

                                                                        ....

....

                                                                        ....

                                                                        ....

GUESTS

Name   Thoughts

....

                                                ....

                                                ....

....

                                                ....

                                                ....

....

                                                ....

                                                ....

GUESTS

Name   Thoughts

....

                                                               ....

                                                               ....

....

                                                               ....

                                                               ....

....

                                                               ....

                                                               ....

GUESTS

Name   Thoughts

....

....

....

....

....

....

....

....

GUESTS

Name   Thoughts

GUESTS

Name   Thoughts

....

....

....

....

....

....

....

....

....

GUESTS

Name

Thoughts

....

....

....

....

....

....

....

....

....

GUESTS

Name   Thoughts

....

                                        ....

                                        ....

....

                                        ....

                                        ....

....

                                        ....

                                        ....

GUESTS

Name   Thoughts

....

....

....

....

....

....

....

....

....

GUESTS

Name   Thoughts

....

                                                         ....

                                                         ....

....

                                                         ....

                                                         ....

....

                                                         ....

                                                         ....

GUESTS

Name   Thoughts

....

                                            ....

                                            ....

....

                                            ....

                                            ....

....

                                            ....

                                            ....

GUESTS

Name   Thoughts

....

                                        ....

                                        ....

....

                                        ....

                                        ....

....

                                        ....

                                        ....

GUESTS

Name   Thoughts

....

....

....

....

....

....

....

....

....

GUESTS

Name   Thoughts

....

                                                ....

                                                ....

....

                                                ....

                                                ....

....

                                                ....

                                                ....

GUESTS

Name   Thoughts

....

                                        ....

                                        ....

....

                                        ....

                                        ....

....

                                        ....

                                        ....

GUESTS

Name

Thoughts

....

....

....

....

....

....

....

....

....

....

....

GUESTS

Name   Thoughts

································   ··

                                        ··

                                        ··

································   ··

                                        ··

                                        ··

································   ··

                                        ··

                                        ··

GUESTS

Name   Thoughts

....

    ....

    ....

....

    ....

    ....

....

    ....

    ....

GUESTS

Name   Thoughts

....

                                                             ....

                                                             ....

....

                                                             ....

                                                             ....

....

                                                             ....

                                                             ....

GUESTS

Name   Thoughts

....

                                                                 ....

                                                                 ....

....

                                                                 ....

                                                                 ....

....

                                                                 ....

                                                                 ....

GUESTS

Name   Thoughts

....

....

....

....

....

....

....

....

....

GUESTS

Name   Thoughts

....

....

....

....

....

....

....

....

....

GUESTS

Name   Thoughts

....

                                  ....

                                  ....

....

                                  ....

                                  ....

....

                                  ....

                                  ....

GUESTS

Name

Thoughts

....

....

....

....

....

....

....

....

....

....

GUESTS

Name	Thoughts
....	....
	....
	....
....	....
	....
	....
....	....
	....
	....

GUESTS

Name   Thoughts

....

....

....

....

....

....

....

....

GUESTS

Name   Thoughts

....

                                                              ....

                                                              ....

....

                                                              ....

                                                              ....

....

                                                              ....

                                                              ....

GUESTS

Name   Thoughts

....

                                        ....

                                        ....

....

                                        ....

                                        ....

....

                                        ....

                                        ....

GUESTS

Name

Thoughts

··

··

··

··

··

··

··

··

··

··

··

GUESTS

Name   Thoughts

....

                                  ....

                                  ....

....

                                  ....

                                  ....

....

                                  ....

GUESTS

Name   Thoughts

....

                                        ....

                                        ....

....

                                        ....

                                        ....

....

                                        ....

                                        ....

GUESTS

Name   Thoughts

....

                                        ....

                                        ....

....

                                        ....

                                        ....

....

                                        ....

                                        ....

GUESTS

Name   Thoughts

....

                                                                  ....

                                                                  ....

....

                                                                  ....

                                                                  ....

....

                                                                  ....

                                                                  ....

GUESTS

Name   Thoughts

....

                                            ....

                                            ....

....

                                            ....

                                            ....

....

                                            ....

                                            ....

GUESTS

Name

Thoughts

....

....

....

....

....

....

....

....

....

....

GUESTS

Name

Thoughts

....

....

....

....

....

....

....

....

....

GUESTS

Name   Thoughts

....

                                                            ....

                                                            ....

....

                                                            ....

                                                            ....

....

                                                            ....

                                                            ....

GUESTS

Name   Thoughts

....

                                                   ....

                                                   ....

....

                                                   ....

                                                   ....

....

                                                   ....

                                                   ....

GUESTS

Name   Thoughts

....

                                                         ....

                                                         ....

....

                                                         ....

                                                         ....

....

                                                         ....

                                                         ....

GUESTS

Name   Thoughts

....

                                        ....

                                        ....

....

                                        ....

                                        ....

....

                                        ....

                                        ....

GUESTS

Name   Thoughts

....

                                         ....

                                         ....

....

                                         ....

                                         ....

....

                                         ....

                                         ....

GUESTS

Name

Thoughts

....

....

....

....

....

....

....

....

....

GUESTS

Name   Thoughts

....

                                        ....

                                        ....

....

                                        ....

                                        ....

....

                                        ....

                                        ....

GUESTS

Name   Thoughts

....

....

....

GUESTS

Name   Thoughts

....

                                                  ....

                                                  ....

....

                                                  ....

                                                  ....

....

                                                  ....

                                                  ....

GUESTS

Name   Thoughts

....

....

....

....

....

....

....

....

....

GUESTS

Name   Thoughts

....

....

....

....

....

....

....

....

....

GUESTS

Name

Thoughts

....

....

....

....

....

....

....

....

....

....

GUESTS

Name   Thoughts

....

                                       ....

                                       ....

....

                                       ....

                                       ....

....

                                       ....

                                       ....

GUESTS

Name   Thoughts

....

                                            ....

                                            ....

....

                                            ....

                                            ....

....

                                            ....

                                            ....

GUESTS

Name	Thoughts

GUESTS

Name   Thoughts

....

                                        ....

                                        ....

....

                                        ....

                                        ....

....

                                        ....

                                        ....

GUESTS

Name   Thoughts

....

                                                                    ....

                                                                    ....

....

                                                                    ....

                                                                    ....

....

                                                                    ....

                                                                    ....

GUESTS

Name   Thoughts

....

                                        ....

                                        ....

....

                                        ....

                                        ....

....

                                        ....

                                        ....

GUESTS

Name   Thoughts

···   ···

··

··

···   ··

··

··

···   ··

··

··

GUESTS

Name   Thoughts

....

....

....

....

....

....

....

....

Made in the USA
Middletown, DE
09 April 2019